嫌いになれるまで好きでいたいし、自分のことも好きになりたい

UNTIL YOU HATE IT
I LOVE YOU
ALSO ABOUT MYSELF
I WANT TO LIKE IT

ニャン

片思いの時は「振り向いてほしい」。
付き合ったら「隣にいてほしい」。
欲望は尽きないし、辛いからって
好きになることをやめることもできない。
いや、好きだから辛いんだ。
片思いでも、付き合ってても
「独占」しようと思ってしまったら依存になる。
だけど、それでも「ここにいてもいいよ」っていう安心感と
「自分じゃなきゃダメ」っていう
独占欲が満たされると幸せを感じる。

この人の隣は自分じゃなきゃダメなんだって
周りの人にわかってほしいし、
自分の好きな人の隣に自分以上に似合う人がいたらイヤなんだ。

ネットが発達するにつれて、
人間関係が薄くなっていくって思うのは俺だけ？
ＳＮＳ上の繋《つな》がりだけ強くなって、
直接の関わりはどんどんなくなっていく
って思うの俺だけ？
誰にも言えない悩みたちに押しつぶされて、

人生やめたいな〜って弱音を吐いちゃいそうな時もある。

自分より可愛い友達とか、勉強ができる人とか、
なんなら「幸せそうな人」を見るだけでも悔しいし、
無意識にその人と自分を比べて嫉妬《しっと》して、そんな自分にまた落ち込む。

自分の将来のことについて親と話す時も、
こんなに親と揉《も》めたことないのにってくらい、大きなケンカをしたり、
なんでわかってくれないんだよって悩んだり。
やりたいことを見つけると、それがやりたくてたまらなくなるんだけど、

周りから反対されたり、本当にそれで生きていけるのかって
不安に押しつぶされて結局やらなかったり、そんな経験を誰もがする。

でも批判してくる人は、自分の今後の人生の責任を取ってくれない。
本当は何が大切とか、他人にはわかるわけない。
悪口とかクソリプで、「やめる」って選択肢を
大きく見せてくるヤツらがめちゃくちゃ多いし、
自信なんて全然持てないけど、そんなのに負けたくない。
自信を失っても、「幸せになる権利」を
主張し続けることだけは、忘れたくない。

contents

第1章

充実感が足りない夜には好きな人のことを考えて眠れなくなる

第2章

将来の夢とか、生きてる意味とか。
一番になれない世界で見つけるのって難しい

第3章

「好き」と「寂しい」は似てるけど、全然違う

第1章

充実感が足りない夜には好きな人のことを考えて眠れなくなる

寝不足の夜は、好きな人と電話したいに尽きる

親友と遊んでめちゃくちゃ笑って楽しい一日を過ごした時って、好きな人のことをあんまり考えない。考えるとしたら帰り道とか。**そう、充実感が足りてない時に頭の中にポンッて出てくる。**それが好きな人。

特に「夜」。家族が寝て、友達からのラインも返ってこなくなった時間帯に充実感があるはずがない。この時間帯の頭の中は好きな人に占領される。

「今日は何をしてたのかな」とか「まだ起きてるかな？」とか考えはじめると、

せめて声が聞けたら、話せたらって気持ちが止められなくなる。会えるわけがないってわかってるからこそ、どんどん想いがエスカレートしていく。その時間に会える関係なら、そもそも悩まないし。

「この時間にかけたらウザいって思われるかな」「いや、やっぱりやめておこう…」とか、電話をかける勇気なんてないのに、思考ばっかり無限にループして、そのうちに余計に眠れなくなって、余計に寝不足になるんだけど。

寝不足の夜は好きな人と電話したいって書いたけど、好きな人と電話がしたすぎて寝不足になる説もある。

何歳になっても、片思い中のこの時間帯は寂《さみ》しい。ちっ、今日いきなり深夜に電話かかってこねえかな…。

インスタのストーリーは好きな人に見せるために投稿するみたいなところはある

インスタグラムのストーリー。大体、好きな人とはお互いにフォローしあってるから、片思い中のインスタのストーリーは「好きな人へのメッセージ」だったりすることが、たまーにある。いや、嘘《うそ》。結構ある。

見たい映画の写真を載せて「誰か一緒に行こうよ〜」って遠回しに誘ってみたり、誰かとご飯してる感じの写真を載せて、でもあえて相手は載せずに異性の影を匂《にお》わせてみたり。

そして、**投稿したあとは誰が見てるのかを必ず確認する。**好きな人に見られるまで何度も何度も確認する。とにかく忙しい。こんな小さな画面の中ですら、好きな人に「確認されたい」んだ。

好きな人のスマホの中に「自分の居場所」がほしいし、自分の存在に気づいてほしいし、毎日ちらっとでもいいから考えてほしいって思っちゃう。昔だったら会いに行かなきゃ伝えられないことの方が多かったけど、今はSNSがあるからね。

ストーリーで恋の駆け引きを楽しむのもいいけど、投稿しすぎないようにね。だって、投稿しすぎてアイコンの上が糸線になってる子は、ちょっとめんどくさそうだから（ド偏見）。

「やべぇ…既読《きどく》一瞬でつけちまったあああぁ…!!」って焦《あせ》る恋はめちゃくちゃ楽しい

好きな人からのラインを確認すると、すぐ返せるほど器用じゃない（返したいけど）。長文を送ってくれたなら喜ぶし、一言とかスタンプだけとかならへコむ。本当は何も考えずに一瞬《いっしゅん》で返せるようになりたいけど。何度やり取りしても慣れない。向こうはなんとも思ってないんだろうけど…相手も自分みたいに喜んだりヘコんだりしててほしいなあ（願望）。

返事の内容にも毎回死ぬほど迷う。事件発生はそのあとの一瞬。もう自分とのトークページは開いてないだろうなあなんて思いつつメッセージを送ると、一瞬でつく「既読」の文字。「…⁉」何が起こった…⁉」ってくらいパニックになって、すぐに全力で携帯を閉じる。

過去のやり取りを見直したくて開いた瞬間に相手からラインが来て、一瞬で既読をつけてしまった時のあの恥ずかしさ。**好きって気持ちが見透かされてるような、いつも見てんのかよってバレたのが悔《くや》しいような。**嬉しいけど、その反面めちゃくちゃ恥ずかしい。

「やべぇ…既読一瞬でつけちまったああぁあ…！」って焦る恋はめちゃくちゃ楽しい。いつも苦しめられる「既読通知」にも、一瞬だけど楽しい時間があるってこと。あ〜、早く既読つかねえかなあ。

相手から「いらない」のサインを遠回しに出されてるって

自覚する、ラインの返事が遅すぎる夜は消えたい。

ケンカするたびに「もう別れる!」って言ってきて、あとで絶対に「ごめんね…」と謝ってくるヤツ。多分、最初から別れるつもりなんてないんだろうけど。言われた方が、てめえの気分で言ったセリフのせいで、毎回どれだけ悩むのか気がつかねえのかな?「別れる」って言葉の重みがわかんねえのかな?

「冗談でも「別れる」ってすぐに言うような人と絶対付き合いたくねえ。めんどくせえ。

ケンカのたびに別れを切り出されたり、自暴自棄になられたりするのが死ぬほど苦手。相手に責任を押しつけてるように感じるから。すぐに「別れる」なんて言うなら付き合う意味ねえだろ。

自己中なクラスメイトがいたら絶対嫌いになるのに、恋人には「まあいいや」くらいのノリで許しちゃう。

本来は許せることなのに急に「絶対にダメ！」ってなったり、逆に許しちゃいけないことを「好きだから許してしまう（依存）」になったり。好きな人には許せないことが多くなるし、逆に許せることも多くなる。矛盾してるけどね。もう、いいか悪いかじゃなくて、感情ですべて決まる。

女子の5人に1人は「セフレ」にされてる説

渋谷で街頭インタビューをしたら、女の子の5人に1人が、セフレがいるって答えた。

【セフレ】お互いに体だけと割り切った関係のことを指す。

この言葉がいつか辞書に載る日が来るなら、こういう風に表現されるのかな。

何が言いたいかっていうと、**つまり、どちらかが好きになったりするとそれはもうセフレではないってこと。**

そう、「私セフレかな」って悩んでる時点で、もうセフレじゃなくて「片思い」だ。

始まりは「セフレでＯＫ」でお互い合意して始まったはずなのに、いつの間にか片方はすでに興味をなくし、片方はより好きになる。

完全に神様の設計ミスだ。

どうやって「本命か体目当てか」を見極めるのかって？

「私ってセフレかな？」って思いが少しでもあるなら、残念ながら、ほぼ１００％そうなんじゃないかな。そして、そこから本命になれる確率は限りなく低い。

多分周りの友達も、そう思ってるけど、面と向かってなかなか言えないだけだと思うよ。現実って思ってるよりも厳しい。

ネットストーカーって片思いの時よりも、別れたあとの方がしちゃう。自傷行為ってわかってるけど

ライン返ってきてないけど、インスタのストーリーを見て「いや、投稿されてるじゃん」とか。ＤＭのとこ見て「10分前にオンライン」とか確認して「自分のことは、頭にないんだなぁ」って悲しくなったり。

ネットストーカーって結構しちゃう。

片思いの時も見るけど、なんか別れたあとの方が見てしまう。その人のことを、知ってて当たり前の状況だったからこそ「知れない現状」にすごく違和感

を覚えるから。**自分と別れたあとに元恋人が幸せそうだったら、すごい悔しい。**ダサいんだけど。

もうなくなった自分の居場所を、絶対ないってわかってるのにもう一回確認して、ああやっぱりもうないんだって傷つく。SNSって便利になった分、人を傷つけるのも簡単になってるよね。

ネットストーカーってある意味、自傷行為だ。

見たら絶対にグサッと刺されるってわかってるのに突進しちゃう。

知ったら傷つくってわかるけど、指が勝手に動いてて。で、やっぱり知らない方がよかったなぁって後悔する。そんな夜を、あと何回過ごせばいいんだろう。

悪いことにだけ「気づかない能力」がほしい

「鈍感力」が高いヤツって羨《うらや》ましい。嫌味を言われても気づかないとか、人目を気にせず好きなことをやれるとか。

そもそも、世の中知らなくていいことが多すぎる。友達とケンカした時に相談してたヤツが、実はケンカ相手側の味方だったり、大好きだった遠距離の彼女に浮気されてたり。言いだしたらキリがない。

「知ったら傷つくこと」に対しての直感がハンパじゃなく当たるのは、なんでだろう。いいことは全然当たらないのに。

「知らなくていいこと」は、知れば知るほど自信をなくしていく。

浮気に関しては特に。好きな気持ちが大きければ大きいほど、自分だけと思っていた笑顔を他の人にも向けてたって知ってしまうだけで**「この人は本当に好きでいてくれるのか」とか、答えが出ない悩みを持ってしまう。**そして、答えが出ないからこそずっと消えない。地獄だ。

最近まで、いや、1冊目を書き終わるまでは、全部知って全部愛したいって思ってた。だけど、人間は思ってるよりもずっと弱い。だから、**全部知らなくていい。好きでいられる部分を、全力で愛せばいい。**でもできるなら、誰かを100%信じることができた頃の自分に戻りたい。

突然「病みモード」に入っちゃうの自分でもやめたい

急に病みたくなる時がある。人と関わりたくなさすぎる時期。あれ、なんなんだろう。全身がダルいっていうか、何をするにもイマイチやる気が出ない。何もしてないのにめちゃくちゃ疲れるし、とにかく一日が長い。そしてつねに眠い。控えめに言って地獄だ。

原因は多分、日常がつまらなすぎるから。**「毎日がつまらない」がずっと続くと、最初はなんてことないんだけど、だんだん「なん**

で生きてるんだろう」に変わる。

いつも気づいたら治ってるんだけど、時間かな？　いや違う。答えは多分「行動」だ。何か楽しいこととか、やりがいがあることを見つければ、いつの間にか抜け出せる。

高校の頃、抜け出せたきっかけはYouTubeで見たラップだった。画面の向こうでマイクを握るその人たちの目は輝いていた。全力で生きている人の目って、キラッキラに輝くんだ。

無味無臭の毎日って平和だけど、いつの間にかジワジワ病む。動こう。携帯いじってないでさ。**「今日何かできたのに何もしなかった」が続くと、生きてる意味を見失うから。**

「私のどこが好き？」

の理想の答えは、

「好きなところはたくさんあるけど、
どこ？って聞かれると答えられない」。

「答えられない」って「私のことは

どうでもいいの?」って思うけど、
「可愛いところ」とか
「優しいところ」なんて
言われるよりも、
そっちの方が好きが深い気がする。

君に贈る

将来、財産になること10個

1 すごく辛い失恋

2 大切な人とのケンカ

3 本を読むこと

4 青春の思い出（体育祭とか文化祭でも）

5 自分の本音を知ること

6 自分を好きになること

7 心から笑ったり泣いたりすること

8 身近に尊敬できる人がいること

9 よく寝ること

10 友達との無駄ライン、無駄話

1 すごく辛い失恋

失恋したことある人、手あげて！

はーい！　あります！（お前かよってツッコんでね）

でも、しない方がよかった失恋はないよ。今すごく悲しくて悩んでるとしても、いつか「あの時の失恋の意味がわかる瞬間」が来る。これはマジ。そのたびに思う。あ、失恋してよかった（？）って。失恋の辛さと学べることの多さは比例するんだ。大丈夫、俺も立ち直った。君もきっと大丈夫だよ。

2 大切な人とのケンカ

できるだけするな。もししてしまった場合、すぐに「ごめんなさい」を言ってくれ。頼む。親友とケンカした時それが言えなかったことを、俺は今も後悔してる。大人になったら本当に取り返しがつかないから、10代のうちに「傷つけられて」「傷つけて」を経験した方がいい。それはまったく無駄じゃなくて、「大切」の意味を理解するためのケンカはむしろ財産になる。

3 本を読むこと

語彙力《ごいりょく》があるってだけで意外と好かれますよ（小声）。

4 青春の思い出（体育祭とか文化祭でも）

撮りたい人と写真は撮っておけ。何度でも余韻《よいん》にひたれる。出たい種目には出ておけ。財産になる。舞台に立てるなら立っておいた方がいい。自信になる。

イベントって、普段声が出しにくい子には楽しめないものが多い。理不尽だ。

俺もそうだった。だけど、高校を卒業した今、あの瞬間にしか出せない輝きがあるのに、体育祭、文化祭、楽しむことをあきらめてた自分を殴りたいってくらいに後悔してる。おじさんみたいになってきたのでこの辺でやめる。全力で楽しんでください。

5 自分の本音を知ること

「誰かに合わせる能力」とか「気遣《きづか》い」をする期間も全然あっていいと思う。

だけど、人生は反吐《へど》が出るほど長い。マラソンにたとえると、自分のペースで走らないと結局、足が持たない。正直に生きようぜ。

6 自分を好きになること

自分を好きになるのは、大人になってもできない人もたくさんいる。難しいけど、どんな風に生きれば自分を好きになれるかを想像してみてほしい。それを毎日続けて生きると、きっと好きになれる。大丈夫、ナルシストの方が人生を楽しんでることは確かだから。

7 心から笑ったり泣いたりすること

色んな感情が弾けそうで思わず泣きたくなった時。感情を表に出せるのは才能だし、自分が何に悲しむのかを知ってる人は魅力的だと思う。

笑いも同じね。心から笑える友達がいる人や環境がある人は、めちゃくちゃ笑え。それって当たり前のようで貴重だから。心から笑える友達なんて数人いれば贅沢《ぜいたく》な方だと思う。大切にね。

8 身近に尊敬できる人がいること

大人全員の意見を聞くのはダルいから、自分の尊敬してる人たちの意見だけを聞けばいい。自分にはない視野を持ってる人を大事に。

9 よく寝ること

病むなら寝ろ。以上。

10 友達との無駄ライン、無駄話

何の気なしに「おはよう」とか「今日の宿題」の話とか、してると思うけど、社会に出たらみんな「余裕」がなくなって、そんなことができる相手は少なくなる。この「余裕」は「学生の頃」にしかない。

あんな話をしたよねって大人になっても話せる思い出は、明日を頑張れる理由になる。

やりたいことをやろうとすると周りから反対されるけど、選んだ道を自分で「正解」にすればいい

俺がSNSで生きていくって決心した時、両親は猛反対した。そんなので生きていけるはずがない。夢を追いかけるなら、せめて大学を出てからにしなさいって。

親が反対する理由は、自分が一番わかってる。親は自分の子供に苦労してほしくないんだ。安定して生きていてほしい、危ない道を渡ってほしくないって気持ち。

安定しない道を選ぶ時、「いいよ、やりなさい」って言ってくれる親の方が優しいって思いがちだけど、そうでもないと思う。親も俺たちと同じで、**自分の大切な人には「普通に幸せになってほしい」**と思ってる。だから、ちゃんと止めてくれる人の方が、自分のことを本気で考えてくれてるような気がする。

親が言ったことは全部正論だし、気持ちもわかる。間違いないことを言ってるのはわかってたんだけど、**でも「今しかない」ってことは自分が一番わかってた。**

上京する前の日、新大阪駅に着いて、新幹線に乗るまでずっと悩んでた。本当にこの道を選んでいいんだろうか。俺は東京で生きていけるのかって。もちろん、周りの友人からもバカにされたし、9割の人には反対された。
東京に行く道が間違ってるように最初から感じた。

でも、好きなことをやろうとした時、最初から応援してもらえるなんて甘すぎる。夢を追いかけようとすると、周りからは絶対に反対されるんだ。

その選んだ道を「正解」にするのか「間違い」にするのかは、選んだあとの自分次第。最近気づいたんだけど、他人のせいにするのをやめた瞬間、少しだけ強くなれる。他人に「幸せにしてもらおう」って思うから悩んだりするけど、自分で「幸せになろう」って思ったら、他人なんて関係なくなるんだよね。

上京してからはもちろん周りに友達もいなかったし、本当に寂しい夜を何度も過ごした（まあ、なんとか生きてるけど）。でも、後悔は一度もしてないよ。

今、就職するか、夢を追うかで悩んでる人がいたら、こう伝えたい。

就職しても全然幸せにはなれると思うんだけど、自分が何をしたら幸せなのかを考えてほしい。**何よりも大事なのは、自分が「幸せ」でいることだから。**それ以上に大切なことなんて、きっとないから。

安定した生活を送るよりも自分の夢を追いかけたかったら、全力で追いかけたらいい。周りの声なんて、自分の出す結果次第でいくらでも変えることができるから。「正解」か「不正解」かは、今は決まらない。行動した先の君が決めるんだよ。

個人的な話なんだけど、好きな人がディズニーランドのアトラクションに

並んでる時に、
ワクワクしてる顔を
見るのがすごく好き。
わかる人いる？

「会いたい気持ち」と「会いたくない気持ち」が混ざってしんどすぎる

恋愛、友達関係、家族、全部に共通するけど、気持ちが届かない時はめちゃくちゃしんどい。

特に恋愛。好きな人の「セフレ」とか「都合のいい女」になっちゃって、好きなんだけど届かない気持ちを抱えてる時は、もう死にたいってくらいになる。

一度「都合のいい男」になったことがあるけど、完全に駒《こま》として扱われたし、向こうからしたら「ヒマつぶし要員のA君」くらいだったと思う。いや、Cくらいだったかも（死にたい）。

辛い恋をするといつもあきらめようとするのに、**そんな時に限って向こうから「会えるー？」みたいなラインが来て、「会っても地獄、会わなくても地獄」ってメンタルになる。**

会えばまた都合のいいように扱われてるのが丸わかりで辛いし、会わなかったら離れていかれそうだし。どっちに行っても地獄でしかない。まあ結局行くんだけど。爆速で用意して行くんだけど。

世の中にはどうしても叶《かな》わない恋は存在する。それもたくさん。そんなことは頭でわかってるし、都合のいいように動いてても付き合えないってこともわかってるのに。当分は離れられる気がしない。

「親友」と「好きな人」を天秤《てんびん》にかけなきゃいけない状況は絶望しかねえな

【問い】友達と好きな人がかぶった場合、あなたはどちらを取りますか？

普通に生きてるだけなのに、こんな究極の選択を迫られることがあるから、人間はめんどくさい。友達と好きな人がかぶるなんて、割とよくあることだけど、なんでよりによって「親友」とかぶるんだろう。

そりゃ親友ってくらい仲がいいんだから、好きな人の趣味もかぶることもあるだろう。だけど、「どちらかを選ばなければならない」って。そんな試練をなんで自分がって思う。好きな人を取れば、親友と今まで通り仲良くはできないし、かといってあきらめるのも悔しいし、**何よりそのあと親友に優しくできる自信がない。**どっちにしろ、ハードコースすぎるだろ。

好きな人くらいで関係が終わるなんて親友じゃないって？

いや、好きな人の存在がそれくらいデカいから、こんなに悩むんだろ。

自分なら、まあ相手にもよるんだろうけど、ぶっちゃけ好きな人を取る。

だって、たとえあきらめて割り切ったとしても、親友と今まで通り関われるほど強くないから。想いをコントロールしようとしたって、できないのが好きって気持ちなんだよな。好きな人のタイプがまったくかぶらない親友、これが一番、平和な気がする。

付き合ってた時は「その音楽何回聴くんだよ」って耳障《みみざわ》りだった歌が別れたあとはなぜかクソ名残《なごり》惜しい

いつも別れてから「大切さ」に気づく。街で同じ柔軟剤の香りとすれ違って、たまらなく胸が締めつけられたり（これはなぜか冬に限る）。寂しい時に、昔電話で話した、くだらない話を思い出したり。

付き合ってた時は「その音楽何回聴くんだよ」って耳障りだった歌も、別れたあとはなぜか名残惜しく感じるし、その人からもらったプレゼントとか、いつもならこの時間帯に返事が来てたなぁとか思い出して、どれも大切だったように感じて後悔するし、**付き合ってた頃に、何度話し合っても直らなかった「悪いところ」すら好きだったように感じる。**

近くにいる時は当たり前すぎて見えないけど、遠く離れてみると、それがどれだけ大きかったか思い知らされる。どんなにひどい別れ方をしても、やっぱり必要だったんだって思い知らされる。

神様、いいかげん、失ったあとに「大切」に感じるようになる仕組みは直してください。

…前から思ってたんだけど、**別れたあとは「思い出」はどこに行けばいいんだろう？**「行き場」を失ったから、俺たちは悩むのかもしれない。やめようか。この話、病む。

いつだって**基本的に愛情不足。**だから今日も手に入らなかった好きな人のSNSを何度も確認するし、夜になっても眠れない。いつになったらグッスリ眠れるんだろう。

毎回思うんだけど、辛い恋の中毒性に何度も殺されてる。いや何なの？　あの、地獄ってわかりながら突っ込む恋。特攻隊じゃん。**片思いで病んだり、両思いになったはいいけど、付き合って現実が見えたり。思ってるよりも現実は厳しいらしい。**

ラインってずっと続けたいし繋がっていたくても、話し続けると「話題」は着々と減っていく。そうなると、既読がつくスピードもグングン落ちてくる。あの時期がめちゃくちゃ嫌い。「興味ないよ」って言われてるみたいで不安が体に染みてくる。返事のペースが自分だけ早くなったり、自分だけ長文を送ったり。この「自分だけ」が辛すぎるんだよなあ。

あまりにも返事が遅い日は、ブロックされてないかスタンプ送信して確認してみたり、電話かけてみようか迷ったり、でも電話だと嫌われるから、もう1つ文章を送信しようかな…とか血迷ったり。たかがラインに振り回される自分が虚《むな》しい。

親友に恋人ができると平気なフリをしてても、内心ジワリと焦る

親友に彼氏ができたり、5人グループで自分だけ好きな人がいなかったりすると、平気なフリをしてても内心ジワリと焦る、あの感覚。恋バナが始まった時に自分だけ何もネタがないと、罪悪感さえ湧《わ》いてくる。

だけど「恋をしなきゃ」って使命感で作った好きな人なんか、すぐに現実が見えるし、**元彼を忘れるために好きになった人なんて、好きになれてないことの方が多いし。** 悔しいけど「できるもの」であって「作

るもの」じゃないんだ。

でもやっぱり好きな人がほしい。恋をしてる時って、生きてるって「実感」できるから。８割は辛いんだけど、好きな人と一緒にいる時とかラインの返事を待ってる時とか、どうしようもなくテンションが上がってウキウキする。多分、これだ。恋愛の中毒性の正体。好きな人から大切にしてもらった時にすごく感じるアレ。アレがほしいんだ。

でもね、意外と「充実感」って恋愛じゃなくても感じることはできる。家族だったり友達だったり趣味だったり、普段大切にできていないところに落ちてたりする。**大丈夫、無理やり恋をしようとしなくても、十分人生は楽しめるよ。**

Q

明日別れます。
後悔させる別れ方教えてください

そう考えているうちは、
きっと君が後悔する。

A

Q

元彼の親友と付き合うって
やっぱりダメですか？

周りに気を使って恋愛しないという
選択は優しいけど、人生は
「一度」っすよ。

A

Q

夜になると寂しくなります

昼も寂しいけど、気づい
てないだけだと思う。

A

Q

体目的か見分けるには

そもそも本気で好きな女の子に
そんな心配はさせねえよ。

A

Q

期待させないでほしい

好きな人からしたら「お前が
勝手にしたんだろ」
だからめちゃくちゃ悲しいよな。

A

Q

元彼以上に
誰かを愛する自信がない

愛情って誰かと比べる
もんじゃないっすよ。

A

「別れ」ってマジで突然だから、大切な人たちを大切にしなきゃいけない

「別れよう」。たった一言で、明日からの毎日の色は簡単に変わる。当たり前に隣にいたその人はもういないし、ずっと続いてたラインのトークも終わる。カメラロールにその人との新しい写真が追加されることもない。ラインがあんまり返ってこなくなったり、電話しても前みたいに話が盛り上がらなかったり。「最近なんか冷められてるかも…」「もう振られるのかな」みたいに感じてたけど、まあ大丈夫かなとか、自分の中で無理に処理してたこと

があった。

その1ヶ月後、「別れよう」って振られた。薄々気づいていたのに、予感はしてたのに。「別れよう」って言われる瞬間は、やっぱり突然訪れた。

「別れ」は何度経験しても慣れない。誰かを殴りたくなるような悲しさに襲われて、虚しくなる。

…どうしていつも、大切な人は普段から大切にしなきゃいけないって、別れたあとに気がつくんだろう。

大切にするって、「当たり前に感謝」するってことだと思う。

当たり前だからこそ「大切さ」に気づきにくいんだけどね。

「どんな時に一番好きな人のことを考える？」って聞かれたら、「ヘコんだ時とかイヤなことがあった時」って答える。嬉しい時より、悲しい時に会いたい派。

たまに「携帯を持ってなかった時代」に戻りたくなる。SNSは疲れる

15歳で初めて持ったその日から、携帯を触らなかった日は一日もない。ライン、ツイッター、インスタ、YouTube、これだけあれば人と関わらなくても生きていける。

だけど、SNSを始めて「見なきゃよかった情報」に襲われることがめちゃくちゃ増えた気がする。少なくともへコんだことの方が多い。明らかに自分のことだってわかる悪口をツイッターやインスタに書かれたりなんて、割と誰で

も経験すると思う。みんなが知り合いみたいなアカウントで悪口を書くって？ もう田舎の全校集会やん。**全校生徒の前で悪口を叫んでるのと一緒やん？** ごめん、荒ぶった。けど、恋愛も友達も含めて人間関係はSNSが絡《から》むと10倍くらいダルくなるってことを言いたかったんだ。

携帯がなかった頃、もっと純粋に人と関わっていた気がする。友達と連絡を取る時は家に電話をしたり、直接会いに行ったりしたし、**自分の目で直接見た情報と耳で聞いた情報でしか人を判断しなかった。**だけど、今は違う。本当は知らなくていい情報まで知りすぎてて疲れる。人を信じるのも難しくなったし、距離は近いようで遠くなった。

いつでもSNSで繋がっていられる時代は少し「寂しい」。

恋愛をするといつも相手のいいところばっかりを見て、好きが冷めていくと同時に見えてなかったところに向かっていく。「めんどくさい」って感じた時にはすでに相手のいいところは日常の当たり前になってて、イヤなところは特に目に付くって感じの状態。

付き合うのって思ってるよりもずっと難しい。だって好きってだけじゃうまくいかないし、信用がないと成り立たない。「好き」と「信用」の2つを両立するのって無理ゲーじゃね？

「友達ってなんだろう？」ってよく考えるんだけど、調子がいい時だけそばにいてくれるのは友達じゃない。友達ってのは、楽しい時よりも苦しい時にそばにい続けてくれる人。

友達は多くなくていい。本当に語り合える友人が1人いれば十分だし、3人いれば贅沢だ。今頭に思い浮かぶ友人が数人いたなら、その人たちを一生大事にしてくれ。きっと、大人になっても語り合うんだろうなあって思える人に出会える確率は、思ってるよりもずっと低いから。

恋愛で一度でも傷つくと、好きになることが怖くなる。

一回でも
「不安」になったら、

病みまくる自分がクソめんどくせえ・・。

「誰にでも優しい」はむしろ優しくねえからな

何回かデートしていい感じになってた人が、他の人ともデートしてるって事実をＳＮＳで知った時には「あの期待はなんだったんだろう」って、もう誰も信じられなくなる。**「自分だけじゃなかった」ってヤツね。**

もっと小さいことを言えば「優しさ」でもいい。急に雨が降ってきて傘に入れてくれたとか、お菓子をくれた、とか。自分が好きな人からもらって嬉しかったモノを、他人ももらってるとわかった瞬間、さっきまで絶頂だったのに、一瞬で絶望に叩《たた》き落とされる。

「好きの始まり」は「独占欲」だ。

この人の笑顔を独り占めしたいとか、この人の優しさを渡したくないとか、そういうの。まあ、「お前、自分以外に優しくするなよ」なんて伝えると、その恋は間違いなく終わるんだけど。

それでも、好きな人の「特別」でありたい。ワガママってわかってるけど、その人の「特別」になりたい。**「誰にでも優しい」はこっちからしたら辛いだけだし、その優しさを受け取るたびに「自分だけじゃないんだな」って実感する。**完全に自分の都合なんだけど。早く「誰にでも優しいけど、自分には特別優しい人」を見つけて幸せになりたい。

お前にとっては
その程度のことかもしれないけど
こっちはめちゃくちゃ傷ついたんだよ

友達や恋人とケンカした時に言われる言葉よりも、何気ない日常の言葉で傷つくことが多い、弱小メンタルです。

例えば、好きな人にデート中に言われた**「帰って寝たい」**。普通のテンションで言われたから、ダメージがハンパなかった。いや、ほんとに疲れてただけかもよ、とか全然思えなかった。

友達に言われた**「お前は嫌われやすいからなあ笑」**って言葉は、何年も経った今でも心に残ってる。普通に笑い話をしてる時に笑いながら言われたセリフなのに。昼休みの会話なんてすぐに忘れるのに。「え？」みたいな。それを言った友達はケロッとした様子だったし、ウケを狙《ねら》ったつもりっぽかったけど、「本当はどうなの？」って聞かなかった。いや、聞けなかった。

あと、彼女と電話中に昔の話になって、ポロッと言われた**「まだ元彼に未練がある」**。これはかなり重めだった。好きでいられる自信が揺らいだ。というより、幸せにする自信か。俺でいいのかなーって。

ケンカの時は怒ってるから「傷つけてやろう」って思いながら言ってるんだろうなあとか思えるけど、日常は違う。言葉で人は殺せるんだ。だからこそ、どうせなら言葉で人を**「生かせる」**人になりたい。

「好きな人を誰にも取られたくない」ってもともと自分のモノじゃないよな。自分怖いな

「好きな人を取られたくないな」って、片思いをするとよく思う。で、途中で気づくんだよね。「あれ…自分のモノじゃなくね？」って。

わかってるのに、そう実感すればするほど「独占欲」はナイアガラの滝のようにドバドバ溢《あふ》れてくる。誰かに取られるのが怖くて、苦しい夜が何度も来る。

夏じゃないのに蒸し蒸ししてくるような焦り。

何、お前の恋人じゃないのにそんなに悩んでんだよって感じだけど。

不思議なことに「独占欲」って、付き合ったあとよりも、付き合う直前の時に一番湧いてくる。「手に入りそうだけど、ギリギリ自分のモノじゃない」って感じの時。**多分、付き合ったあとに手に入る「安心感」が目前だから焦るんだ。**

だけど独占欲をドロッドロに出した恋愛はお互いに「超依存」って感じ。プライベートがないくらい毎日一緒にいて、その人が頭から離れることはない。

めちゃくちゃ楽しいけど「このままじゃダメだ…」って思う回数も同じくらい多くて、他のことが手につかなくなって、そして結局、疲れていろいろ支障が出てきた時に、ダメになる。「プライベート」を失うと、いつか人は壊れる。

もうなんか結婚して楽になりたい。
付き合ってすらないけど。恋人すらいねえけど。
告白とかプレゼントとかは2人の関係
だけど、家族の誰かに紹介するって本

気の時しかできないし、すごく認められてるような気がする。俺たちは認められたがりだから、結婚って形の契約で、「ずっとここで生きていいよ」って居場所をもらえる気がするんだ。

「嫉妬」をダメなことって思うからしんどいんだろ。みんなするし、普通だよ

「嫉妬」って聞いたら、どんなイメージをする？「重い」「めんどくさい」。多分「悪いイメージ」だよね。誰かに「嫉妬する自分」はめちゃくちゃめんどくさいし、考えたくない。

世間が「悪いモノ」として見てるから「嫉妬＝ダメなこと」って考えがちだけど、角度を変えて見たら「一途」とか「可愛らしい」とか、そういう風にも見える。だって好きな人に「嫉妬」されると嬉しくない？

「嫉妬」は恋愛、日常生活でどこでも出現してくる。だからこそ、「嫉妬する自分」をもっと認められるようになりたい。**嫉妬しない人間なんていないんだから、自分だけが病んだりネガティブになる必要はないんだ。**それに、イケメンと付き合って「周りから嫉妬されたい」とか、みんな口には出さないけど本当は思ってるでしょ？

大丈夫。世の中「なりたい自分」に向かってもがいてる人しかいないから。

ちなみに、「嫉妬するから負けてる」ってのは当たってるけど違う。「勝てる気がするのに負けてる」から嫉妬するんだと思う。ほんとに１００％勝てない相手には嫉妬しないからな。嫉妬するのは**「まだ上に行ける証拠」って考えたら少し素敵じゃない？**

「ありのままで愛されたい」って叫び続ける人生はドラマみたいで美しいけど現実なら地獄だ

好きな人に「ありのままの自分」で愛してもらえるほど幸せなことはない。

でも、現実はそこまで優しくない。

例えばだけど君が、勉強も運動も平均以下、特技もあるわけじゃないのに「ありのままで愛されたい」って言ったら結構ワガママじゃね？　どんだけ自分本位なんだよ。少しは「愛される努力」しろよ。あ、これ、俺自身にも痛い言葉だった…。まあ、絶世の美女とかイケメンが言うと「余裕じゃん」なんだけど。

ありのままで「愛されたい」って叫び続ける人生は、ドラマみたいで美しいけど、現実なら地獄だ。だって「ありのまま」を愛してもらえる人なんて勝ち組の1％くらいしかいないんだから。

「自分らしさを大切に」って言い訳して、何もしないことが、自分を大切にしてるってことにはならないんだ。

メイクを変える、ダイエットを頑張る、知識を身につける、特技を伸ばすとか、なんでもいい。1つ武器を持つだけで人生は変わる。**たとえ結果が出なくても、努力を続けられた経験は絶対に自信になるから。**

何よりも「愛される自信」を持つことが大切だよ。

Q

ヤリ捨てする方はどんな気持ち？

何の気持ちもないから
捨てるんじゃね?

A

Q

一途で得することって何ですか？

「信じることの難しさ」と
「待つことの辛さ」を
知れるところ。

A

Q

酔ってキスする男の心理とは

どうでもいい女にしか
酔ってキスはしない。
という持論。

A

Q
生きてる中で1番楽しいことは？

1番を知ったら
生きてる意味が
なくなりそうで怖い。

A

Q
失恋した友達にかける最高の言葉は

沈黙。

A

Q
愛し方がわからない

例えば君が誰かの愛し方を知っていて、
その方程式に当てはめる恋愛って楽しい
んすか?　俺ならちょっと寂しいっすね。

A

第2章

将来の夢とか、
生きてる意味とか。
一番になれない世界で
見つけるのって難しい

自分のいいところって見えない。悪いところはたくさん見えるくせに

自分はなんのために生きてるのか?

10代の頃、すごく悩んでた。

いくら勉強してもテストで絶対に勝てない相手がいたし、いくら練習しても部活で絶対に勝てない相手もいた。

勉強ができる人を妬《ねた》んだり、運動神経抜群なイケメンを嫌いになったり。ひっくり返せない実力差を認めるのもイヤだったけど、認めるしかない自分がも

っとイヤだった。**そう、一番には絶対になれない世界で生きてる自分がすごく嫌いだった。**

何もない自分は将来何になれるんだろう、自分はなんのために生きてるんだろうって悩むけど、自分のいいところって学生の頃にはよく見えないんだ。悪いところはたくさん見えるくせに。

だから自信が持てないし、自信が持てないから劣等感ですごく傷ついたりもする。でも大丈夫、傷つかない青春なんてないから。

どうやって将来の夢とか生きてる意味を見つければいいの？ってよく悩んだし、今でもよくわかんないんだけど、**わかんない方がいいのかなーって**

思ってる。生きてる意味がわかったら、なんか悲しい気がして。

将来の夢とかは、やってるうちに見つかる。というよりも、何か1つをやり続けたらきっと見つかる。

「継続は力なり」って言葉があるけど、あれは「別の何かを始めることよりも、今やってることを続けることの方が次に繋がる」って意味なんだと思う。

自分の好きなことをして生きてると、反対してくる人もたくさんいるけど、応援してくれる人もたくさんいる。だから**「生きてる意味」はうっすら見えるくらいでいい。**

将来の夢がほしい人は、自分の得意なこと、得意なことがなかったら好きなことでもいい。何か1つ続けてみればいいと思う。

部活を頑張るでもいいし、ひたすら可愛く見える自撮りを追求する、とかでもいい。映える写真を撮り続けてインスタにアップし続けたら、1年後にはきっとすごい人数のフォロワーがついてる。

「続けること」が財産になるんだ。

今答えを見つけるっていうのはすごく難しいかもしれないけど、きっと見つかるから大丈夫。

誰かと比べて劣ってる部分を探すよりも、好きなことをして、それを続ける努力をしよう。1年後、君は別人になってる。

人を信じて裏切られたら
トラウマになるけど
心の傷は少しずつ治していけばいい

彼女にも友達にも裏切られたことあるけど、そのあと数年は「裏切られること」よりも「信じること」が怖くなった。次に裏切られたら、もう一生人のことを信じられなくなる気がしたから。

だけど、人を信用しなくなると、人生ってなんだか本気で楽しめない。自分が悪いわけじゃないのに。**自分の心のどこかで壁を作って、裏切られた時の保険をかけてる。**みんなと一枚壁を挟んでるから、心の底から楽しめないいんだよね。

上京してからも大人に裏切られたりしたけど、人を信じられないってすごく寂しい。「信じる」ってのは「強い」ってこと。今になってやっとわかった。

みんな心の傷って一日とか数日で治そうとするけど、体の傷と同じですぐには治らない。だけど、少しずつなら治していけるようになるんだ。仲のいい友達にひたすら愚痴《ぐち》るでもいいし、おいしいもの食べてゆっくり寝るでもいい。

一生、疑心暗鬼で生きていく自信もない。だったら、また一から信じる人生を送るしかない。

期待はしなくていいけど、ただ信じることから始めよう。

好きな人に「あー、大切にされてるなぁ」って実感すると、どんなにバイトで疲れてて

も、どんなに仕事で
ストレスがたまってて
も、一瞬で消し飛ばし
てくれる効果がある。

君に贈る

大人になると大して重要じゃないこと10個

1 勉強ができる

2 スポーツができる

3 嫌われない努力

4 上辺の友達関係

5 グループの集団意識

6 顔面偏差値

7 恋愛をしないといけない

8 空気を読まなきゃいけない

9 陰キャと陽キャの区別

10 「好き・嫌い」を誰かに合わせる

1 勉強ができる

現状、日本は学歴社会。生きてきてそれをひしひし感じる。でも勉強での頭の良さと、生きていくための頭の良さってのはまったく違う。

勉強ができなくても、生きていけるさ。俺の出身校は学校の周りがコンクリートで囲われてた。なぜって？　生徒が逃げ出さないためさ。でも俺は今の人生、ちゃんと生きてるよ。

2 スポーツができる

勉強と顔に次ぐ武器。スポーツ。

特にサッカーとか野球とかならめちゃくちゃ強い。いつも思ってたんだけど、サッカー部って光りすぎじゃね？

まあ、そんな話じゃなく、確かに礼儀とかを学べる面ではすごく大切だけど、案外生きていく上で勉強とスポーツは思ったより関係ない（俺は）。

3 嫌われない努力

大人は言う。「学生は嫌われるのを怖がりすぎ」って。それに対しては「いや怖ええよ‼」とツッコミたい。

あんな小さな箱で嫌われたらすぐに広まるし、何をしてもネガティブになる。

だけど、大人の言うことも少しわかるようになったんだ。

今、学校を「箱」ってたとえにしたけど、この箱は人生でいくつも巡り合う。

家族、恋人、親友とか地元、会社、とか。自分の生きやすい箱があるってことを大人は言いたいんだと思う。俺もそう思うし、君がもしそれで悩んでいるならこの話を頭の隅っこに置いておいてほしい。

4 上辺の友達関係

上辺だけで仲良くしてた友達って、大人になったら残らない。つまり、悩まなくていいってこと。

5 グループの集団意識

ぶっちゃけ5人以上のグループで全員が仲良いグループなんて存在するわけ

がない（偏見）。高校の時のグループは裏で「俺はあいつが嫌い」「２人ではいられない」「あいつがいるなら行きたくない」みたいに腐《くさ》ってた。

当時はそこが自分の居場所だと思ってたから、すごく苦しかった。

勇気を出して抜けたあと、悪口を言われたり、悪い噂《うわさ》を流されたりしたけど、グループにずっといて愛想笑いをしてる方が苦しかったし、すごく楽になった。

まったく後悔はしてない。

6 顔面偏差値

ごめん、これはシンプルに大人になっても関係ある。

だけど、なぜこれを入れたのか。一言だけ言わせてくれ。いい歳して顔で人間性を判断する人と関わっても、何も学べないってこと。以上。

7 恋愛をしないといけない

無理にするものじゃないし、できるものでもない。好きな人って自然にできて気づくもので、作ったりするものじゃない。

8 空気を読まなきゃいけない

礼儀とかその辺の空気は読むべき。

でも、例えば本当はやりたいけど誰も手を挙げないし挙げにくい…とか、ここで手を挙げたら浮く…とか考えるのは無駄ってこと。

自分の意見が正しいと思うなら、空気をぶっ壊してでも伝えろ。勇気を振り絞ってした行動は必ず何かを得る。動かないまま、何も学ばないままなのは、人生の一番もったいない使い方だと思う。

9 陰キャと陽キャの区別

「あいつは陰キャラだから」ってセリフ。大人になった今では「は？」で終わる。歳を取るとマジでどうでもいい。

「自分は陰キャラ」だと思って自信をなくす気持ちはわかる。「自分なんかが」って不安に襲われる。気にするな。俺が保証する。

20代になって「陰キャ、陽キャ」で差別するようなヤツをあんまり見たことがない。多分、周りが相手をしなくなるからだと思うけど。

大丈夫。そんな立場なんかで人の価値は決まらない。

10 「好き・嫌い」を誰かに合わせる

グループの上の方のヤツが嫌えば、その人を嫌いになったり。それ、クソめんどくさくね？ 「好き」も「嫌い」も自分にしか扱えないモノなのに、人に合わせるからめちゃくちゃ体力を使う。

いいんだよ、好きなら好き。嫌いなら嫌い。あっ「嫌い」だから「傷つけていい」ってことじゃないから。それだけ肝《きも》に銘《めい》じて自分の「好き」「嫌い」を大事にしてほしい。

一番しんどい時にこそ、一番成長できる。

「好きじゃないけど他の人のものになってほしくない」はワガママすぎる

恋愛感情じゃないんだけど、他の人に取られたくないというか、友達なのに独占欲が湧いちゃう人っていない？　**友達以上、恋人未満みたいな関係っていうか、「あれ、好きなのかな？」って一瞬悩むヤツ。**もう嫉妬は恋人だけでいいじゃん。って思うのに、その人が自分以外の人といる時に自分といる時以上に楽しそうにしてたら、何もされてないのに1人で寂しくなったり傷ついたりする。「ああ、一番じゃないのかあ…」なんて、自分が誰からも必要とされてない存在に感じたり。**なんなら同性に対しても嫉妬しちゃうし。本当にめんどくさい。**

恋人は一番じゃないといけないし、Ｏｎｌｙ ｏｎｅじゃないといけないと思うけど、友達は違う。**何番とかそんなのは、自分が寂しい時に、勝手に順位づけしただけにすぎない。**ヘコみすぎるなよ、そんなのって感じなんだけど。

でもそう言いつつ、いつも自分の名前を呼んでくれて、自分といる時が一番楽しそうにしてくれる友達が１人でもいいからほしかったりする。っていうか、めちゃくちゃほしい。

めちゃくちゃ可愛い顔してる女の子がTikTokをしてると「見たいな〜」と思う半面、「TikTokしなければ完璧なのに……」って思ってしまう根暗な自分。要するに「羨ましい」んだ。自分の「見た目」がコンプレックスじゃなくて、それを容《よう》赦《しゃ》なく使えるところが。俺も来世はTikTokでチヤホヤされる顔面になりたい。いや、俺はなる。

「ごめんね」が多い人より「ありがとう」が多い人といた方が毎日が楽しい

「ありがとう」と「ごめんね」。この2つを使いこなせる人って意外と少ない。
たった一言なのに、口に出して言うのはめちゃくちゃ難しい。「ごめんね」はプライドが邪魔するし、「ありがとう」は長く一緒にいればいるほど、忘れがちになる。

でも最近思ったのが、「ごめんね」って素直に言える人よりも、「ありがとう」って言える人の方が優しく見えるってこと。

待ち合わせに遅れた時「ごめんね」と言われたら、許すけど少しだけ気まずい雰囲気になる。だけど「ありがとう、待っててくれて」って伝えられたら「ごめんね」と同じ意味なのになんか許したくなるというか、普通に謝られるよりも気まずくないというか、そんな気がする。「すみません」が口グセになりそうな社会で「ありがとうございます」を口グセにできるヤツが好かれる理由もそこにあると思う。

「ありがとう」って大して即効性ないけど、積み重ねると大きい。大切な人にほど言うのが難しいからこそ、感謝を日常で忘れたくない。

「ごめんね」は、即効性はあるけど、「ごめんね」が積み重なる関係は、ちょっと悲しい。

ぶっちゃけ、付き合ってる人で「自分の価値が上がる」ってどっかで思ってる

隣の学校でも有名なイケメンとか、お金持ちとか、そういう人と付き合うと、自分の価値まで高くなる気がするあの現象。何もない人と付き合ってる時より友達に自慢したくなるし、**「私はあの子より上」なんて無意識に脳内マウンティングしてる。**

好きになった人がたまたまお金持ち。これは全然いい。だけど「お金持ち」だから付き合ってるって人のことは、なぜか応援できない。

でも正直に言う。俺も彼女には、できればスクールカーストの上の方にいてもらいたい。下の方にいる子は恋愛対象にならないとか、上の女の子に認めてもらいたいとか。なんなんだろう。この醜《みにく》い心。

人を上とか下とか決めること自体がほんとダサいし、もっと純粋に人を好きになりたいって思うのに。「好き」の中に「計算」が入ってくる。しんど。

お金でも性格でも顔でも頭の良さでも、好きになる理由に正解なんてない。

きっと、付き合う相手の肩書きで自分の価値が上がるなんて、幻想だ。

「肩書き」なんか関係なく、気づいた時には引き返せないくらいの「本物の恋」を、いつかしたい。大人になるほど純粋な恋をするのは難しいね。

「誰を好きか」も大事だけど、「誰といる時の自分が好きか」も大事

一度顔から入った女の子と付き合ったことがあるんだけど、なんだか釣り合わない気がして（彼女が上）、いつも気を張ってた。話す時も「この話題、楽しんでもらえるかなぁ」なんて心配したり。何よりも沈黙を恐れてた。つねに釣り合うように頑張ってたんだ。文章にするとすごくいいように感じるけど、結局疲れてしまって長くは続かなかった。

恋人に何を求める？　顔？　性格？　お金？

俺の場合は「居心地」。「素《す》の自分」をどれだけ出せるかってところを強く求める。いつも1人の時に思い出すのは居心地がよかったあの人。最初から気を使わなかったし、その人といる時は汚い話、ゲップとかオナラとかしても笑い話にできるような、そんな日常を送ってたからすごく楽しかった。

あの時の笑ってた自分が好きだったから、今も記憶に強く残ってるんだと思う。

付き合うなら、付き合ってるその自分を好きでいられる人と付き合った方がいい。背伸びするよりも、等身大の人と付き合った方が見える景色も一緒だから。あっ、でも1つだけ注意。居心地がいい人って、中毒性がハンパなくて抜けんのしんどくなるから、それだけ気をつけてね。

結局、人生を一番楽しむのはイケメンでも

ブサイクでも
金持ちでもない。
「自分を好きで
いられるヤツ」だ。

自分のことを大事にしてくれないヤツといても意味ねえな。傷つくだけ

こんなことを言うと、「自己中じゃん」って言ってくる人がいるかもしれないけど「大切にされてる」って実感できない人と毎日を過ごしても、自分が傷つくだけだ。

例えば、何かしてあげた時にお礼を言ってくれないとか、せっかく2人でいるのにずっとスマホでゲームしてるとか、デートよりも友達との予定を優先させるとか。なんとなく、自分でもわかってるでしょ。

まあ、わかってても離れられないのが人間なんだけど。

失う辛さを一度でも経験すると怖くなる。後悔するのが怖くて、このままじゃダメだってわかってるのに関係を切れない。そしていつの間にか、相手に合わせることが「好き」の証明みたいになる。

どんなに自分が相手を大切にしても、自分を大切にしてくれない相手っているんだよ。残念ながら。

疲れて傷ついてる時は、自分にもっと優しくしてあげてもいいんじゃないかな。大事なのは、好きな人と「好きな自分」でいられることなんだ。**自分を大切にしない人は誰からも大切にされない。**だって、自分で自分に「価値がない」って言ってるようなものだから。

いつだってほめてほしいけど、ほめてばっかりの人がほしいわけでもない

上京しようか迷ってた時、周りの数人に話したら「行ってこいよ」って背中を押してもらった。希望をもらったそのあとで、**若干《じゃっかん》「止めてほしかったな…」って寂しくなったのを覚えてる。**「お前がいなくなると寂しいじゃん」って一言がほしかったんだ。その言葉さえ言われてれば、東京には行かなかったかも。なんて、そんなことをフワッと考えたりもする。

上京する少し前、ほんの数人だけ止めてくれた人もいた。「将来それで食べていけるのか？」って。**夢を止められたはずなのに、少し嬉しかった。**

自分のことをこんなに真面目に考えてくれる人がいたなんて。

あっ、もちろん信頼関係がある人のみね。全然関係ないのに愚痴を言ってくるヤツが言う「夢を追うなんてバカだろ」みたいな止め方は要らん。

お金とか地位とか名誉とか、そんな誰もが夢見ることをつかみに東京に来たけど、まだまだスタートラインにも立ってない。

もし、この本を読んでくれてる君が夢を追いかけて東京に出てくることがあったら、ぜひ声をかけてほしい。どんな夢なのか、楽しそうに語ってよ。将来、一緒に仕事できるのを楽しみにしてる。

できることなら全員に好かれたい。とにかく誰にも嫌われたくない。でも残念なことに、どう頑張っても仲良くなれない人種っていうのは存在する。「話せばわかり合える」っていう人もたくさんいるけど、どれだけ話し合っても好きにはなれない人もいる。自分を殺してまで、嫌いな人といる必要なんてない。

親が「ウザすぎる」ってくらいだった。今は感謝してるけど

「最近、学校どうなの？」。家に帰ったら、母親は進路のこととか友達のこととか、最近の学校での様子をよく聞いてきた。

けど、当時は自分が辛すぎて「今はそれどころじゃねえ！」って流してた。友人関係も恋愛もうまくいかなすぎて、ストレスがたまりまくってたのを、親にぶつけて発散してたのかもしれない。いや、してた。

でさ、上京して1人暮らしになってわかったんだけど、ご飯作るのも洗濯す

るのも、とにかく大変なんだ。日常生活のことを当たり前にしてくれて、いつも「大丈夫？」って聞いてくれる人なんか、親しかいないって、その時初めて気づいた。

自分のことで精一杯になると、親の優しさに目を向ける余裕なんてなくなるし、っていうか最初から見えてないし、ウザいとしか思えないし。思春期に親とうまく付き合えるヤツの方が少ない。

「勉強しなさい」「ご飯ちゃんと食べなさい」「門限守りなさい」。

親って存在は、確かにうっとうしい。けどたまには「いつもありがとう」って言ってあげて。俺にはそれができなかったから。

「自分なんかダメだ」って思い込むと本当にダメになる。思い込み怖え…

最近、見た目以外にも人生を左右する大きなポイントがあるらしいってことに気づいた。それは、**悩んだ時に「なんとかなる」と思うか「もうダメだ」と思うか。**この違いはめちゃくちゃ大きい。

イヤなことが起こった時に「ネガティブ」になると、周りのちょっとしたことがもっとイヤに見える。よく言う「悪いことは連鎖する」ってヤツ。思考が暗いからそう感じるんだよね。俺自身がそうだったからよくわかる。

いやいや、ポジティブに「なんとかなる」「大丈夫」だって、そう考えたところで「結果なんて変わらないでしょ」って？

正直に言うと、すぐには変わらない。

ほら意味ないじゃん、って思うのは待って。「すぐには」だ。

大人になると、子供の時より辛いことなんて何倍も増えるし、そのたびにネガティブになっていたら心が持たない。それよりも、少しずつ「自分は大丈夫」って思うクセをつけていった方が人生は幸せだ。**すぐに劇的な変化はなくても、変えようと思わなければ現実なんて変わらないし。**

どんな美人よりも、お金持ちのお嬢様よりも「美しいな」と思ってしまうのは、「自分は大丈夫」という強いメンタルを持ってる人だよ。

「私なんて…」が口グセなの、謙虚だと思ってる？ 可愛いと思ってる？

「可愛いね〜」なんてほめた時に「そんなことないよ〜」って言いながら「当たり前やん」みたいな雰囲気出すヤツ。出てる出てる。**「そのほめ言葉待ってた」みたいなんがはみ出てる。**まあ全然いいんだけど。

顔や性格をほめられた時に一番正解なのは、間違いなく「ありがとう」だ。

「そんなことないよ〜」とか「私なんて」みたいなのは、男はまったく求めてない。「私なんて…」って自信なさげに言う女の子が可愛いのは認める。一度目はそれでいい。**でも、何度言ってても「私なんて」って女の子には正直疲れる。**なんだかんだ人は素直に「ありがとう」って言える人を好きになる生き物だと思う。

ま、個人的な意見を言うと、女の子は「私は可愛くて当たり前」くらいに思ってた方が人生を楽しめるし、クズ男も寄ってきにくい。クズ男は自信がない女の子に付け入るのがうまいからね。

多分、人生一番得してるのは「謎に自信があるブス」。たとえブスでも「私は可愛い」って思い込める子は最強だ。顔じゃなくてもいいから「自分のここが好き！」ってところを1つでも見つけられれば、幸せな人生が送れるのかもね。それが難しいんだけど。

恋愛なんてしなくても生きていける
けど、寂しさがつきまとう。
したらしたで、イヤな自分と
向き合い続けなければいけない。
まあまあな地獄だ。

でも「この人しかいない」って
思える恋愛をした経験は
必ず役に立つし、
無駄じゃないから。
忘れなくていいから。

相手に「言いたいこと」が言えない状態が続くと自分が疲れる。言え

友達や恋人に、全部は伝えなくてもいいし、言わなくていいこともあると思う。**でも「言わなきゃいけないこと」は違う。これを「言いたくても言えない」で片づけるな。**

例えば友達の場合、そいつ自身は好きだし一緒にいて楽しい。だけど、どうしても「イヤなところ」ってある。例えば嘘をつくとか、約束を守らないとかね。そいつと1ヶ月しか関わらないって決まってれば、別に我慢すればいい。

けど、一生関わりたいって思ってるなら話は別。

言わずに我慢してると「こっちは我慢してるのに」って思考がずっと頭にこびりつく。これが厄介《やっかい》。

我慢が続くうちに「こういうところがイヤ」だったのが「この人は無理」に変わっちゃう。「いつもこっちは我慢してるのに」の効果が、後々、半端じゃないくらい効いてくるんだ。

そこからずっと逃げ続けてると「疲れた」の一言しか残らなくなる。**いつも我慢して、相手に合わせてばかりの関係が長続きするわけない。** 失いたくないから「言わない」じゃなくて、大切だからこそ「伝える」ってことが大事なんだろうね。

結局自分が一番好き、でいいんじゃない？

自分のことが素直に「好き」って言える人に憧《あこが》れる。もちろん、自分のことは、好きは好きなんだけど、なんとなく自信を持って言えないとか、嫌いなんだけど、他人にそれを指摘されるのはイヤだとか。すごく忙しい。

多分「そのままでいいよ」ってありのままの自分を認めてほしいんだと思う。その言葉がほしいんだと思う。自分のダメなところは自分が一番わかってるから、もう他人にダメだなんて言われたくないし、否定もされたくない。

「ありのままの自分」を好きになれたら、人生楽しめるんだろうなって思うけど、自分を好きになるのは本当に難しい。自分が嫌いな時期は何をしてても全力になれないし、楽しくないなーってだけの毎日を過ごす。

まあでも、そんな時期があっても全然いいんじゃないかな。**逆に「毎日幸せ！」って感じでも、幸せのありがたみを忘れちゃいそうな気がするし、ちょっとだけ疲れそうな気がする。**

人生に無駄な時間は１秒もない。今、すごく悩んでて動けない状態だったとしても、「ああ、あの時、そういうことだったんだ」って瞬間が必ず来る。

だから、うまくいかない時もヘコみすぎないで。**自分で自分を否定することが一番幸せから遠ざかるから。**

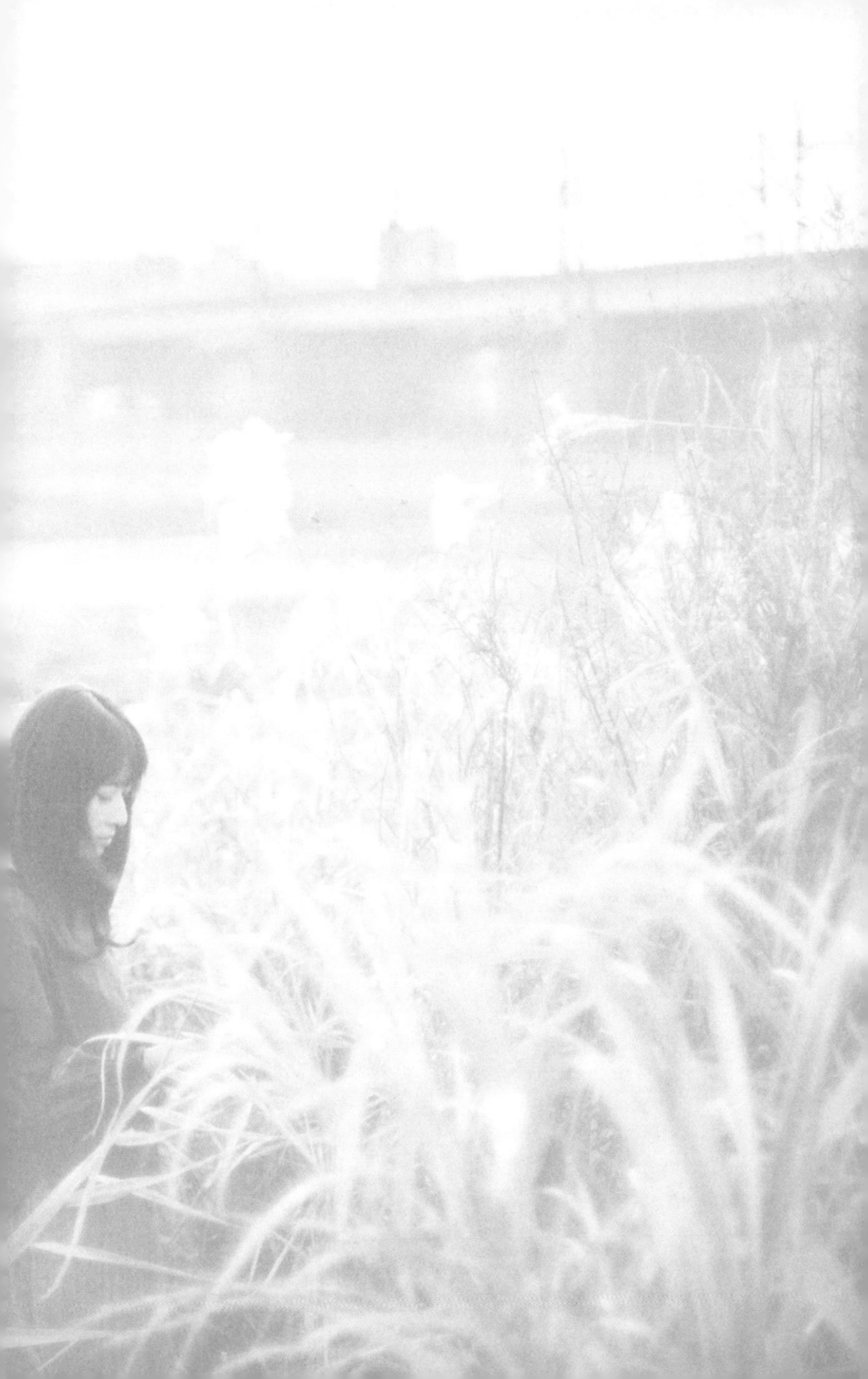

第3章

「好き」と「寂しい」は似てるけど、全然違う

「彼氏いない」って言う女の子にはすぐ彼氏ができて、「彼氏ほしい」って言う女の子にはずっとできない闇の法則

夏が始まる前と冬の時期、「あっ、恋人がほしい」って思う。夏は暑いし人といると疲れるけど、なぜかあの暑さに「期待」しちゃう。夏祭りや花火やらにグループで行って、その中の誰かといい雰囲気になれるかもって無駄にドキドキするんだ。冬はまあ、単純に寂しいだけだけど。

それはいいんだけど、ある時とんでもないことに気づいてしまった。小学校からの女友達がご飯しながら「彼氏ほしい〜」と嘆いてるのを見て、**「あれ…？**

こいつ、何年も前から彼氏ほしいって言ってね…？」という闇に。

一瞬ツッコもうとしたけど、やめておいた。女の子とケンカすると、ケンカじゃなくて「戦争」になるから。俺は偉い…。

って話じゃなくて、「彼氏いない〜」って言う女の子のセリフは「(今)彼氏いない」だし、「彼氏ほしい」と言ってる女の子は永遠にできない。という闇の法則は知っておいた方がいい。だって、「いない」はできる前提だけど、「ほしい」はできない前提で話してるじゃん。

この都市伝説を信じるか信じないかはあなた次第。だけど、個人的に「彼氏ほしい〜」って人前で言う女の子とは付き合いたくない。「ほしい」って当てはめてる気がするから。つまり、**誰でもいい気がするってこと。**

好きな人にいきなり呼び出されて家に行っちゃった？　バカなの？

はい、授業を始めます。全員目をつむって。「好きな人に呼び出されて家に行っちゃったことがある人は手を挙げなさい」。はい、目を開けて。

ライブ会場みたいに手が挙がってたのは想像できる。

確かに男は「セックス！」って脳内に大きくあるのは事実だけど、「好きな人をいきなり家に呼び出したりはしない」。どんなにモテる男も、チャラ男もヤリチンも童貞も、本当に好きな女の子には奥手になる。

好きな人からいきなり「家おいでよ」って電話が来て、ドキドキしながら行ったらいい感じになって、優しくベッドに押し倒されて。したあとに「めちゃくちゃ好きになっちゃった」って言われる…**なんて夢見てる？**

男の性欲はもっと残酷だ。セックスしたらラインが返ってこなくなるなんて、あるあるすぎて、珍しくもない。**だって付き合う前に満たされたら、もう付き合う意味なくね？**

男は「軽くヤレる女の子」のことは、好きだけど好きじゃないんだ。

好きな人の誘いを断るなんて「嫌われるかも」って怖いかもしれない。けどもし、それで嫌われたなら、**むしろそんな男からはすぐに離れろ。**

自分を大切にする恋愛の方がきっと何倍も楽しいから。

大事に扱われたい、
彼女になりたいって
思うなら
「すぐに抱かれる女」

になっちゃダメだ。
一番モテるのは
「抱けそうで抱けない女」
だからな。

浮気して罪悪感を感じないの？　あ、だから浮気したのか。お疲れ

浮気をしたことがあるヤツ。もしくは、今してるってヤツ。お前がコソコソ他の人としてるラインも、お前の朝帰りも、信じて待ってるその人を傷つける行為。悪の所業だ。

「今までの幸せ」と「一瞬の楽しさ」、天秤にかけてみてくれよ。確かにその瞬間は楽しくてドキドキするし、他のことは考えられないかもしれない。だけど浮気したそのあと、本命の人の素直な笑顔を見るたびに「罪悪感」に襲われ

ることになる。楽しさよりも、あとに残るのは罪悪感だ。

YouTubeの企画で、渋谷で街頭インタビューしたら5割くらいが浮気してた。**あまりにも浮気が身近にありすぎる。**これじゃあ被害者が多発するわけだ。浮気されたら、バレたあと仲直りできたとしても、相手を心から信じるのはめちゃくちゃ難しくなる。**浮気してる側だって、自分がしてたら相手を１００％信じるのは難しいでしょ？**たった一回だけじゃんって言い訳をしがちだけど、その「たった一回」はめちゃくちゃ重い。

罪悪感を感じた？　えっ、感じないの⁉　だから浮気したのか。腐れ外道《げどう》じゃん、お疲れ。あっ、ごめんごめん。浮気した元カノのこと思い出したら口悪くなってた。

男が自分の気持ちをわかってくれると思ってるなら、少女マンガの読みすぎ

「なんでわかってくれないの⁉」って怒鳴《どな》ったことがある女の子、ちょっと話を聞かせてほしい。うん、なるほど、彼氏が自分の気持ちを全然わかってくれなくてムシャクシャするのか、うんうん。わかる。わかってもらえない時って、心の中で「なんで⁉」が何度も飛び回るよね。

だけど、女の子が思ってるよりも男は女心がわからない。女の子が「大丈夫」って言ったら「了解！」だし、「もういいよ！」ってキレられたら「ちっ、ご

めんって言ってるじゃん」くらいにしか思わない。**女の子は感情をそのまま言葉にして、男はそのまま信じてしまう。**

「もう知らない！」って雨の中に飛び出したら、ずぶ濡れになって追いかけてきて「ごめん。好きなのはお前だけだから」って、ぎゅっと抱き寄せてキスしてくれる高身長イケメン。「最近、笑わないじゃん。俺でよかったら、話して？」って辛い時に気にかけてくれる王子様。ごめん、男からすると理解不能だ。**マンガだけだからね。現実にはいないからね。**

「こうしてほしい」って言ってくれたらいいのに。「言ってもわかってくれないじゃん」って、まあそうなんだけど、言お。頼む。ちょっとでも言葉にして。

「察して」は男にとっては謎の暗号だからわかりません。

君に贈る

「都合のいい女」の口グセと行動10個

1 「私にはどうせ無理だから」

2 「あの人だからできたんだよ」

3 「私のこと、本当に好き？」

4 「一緒にいて楽しい？」

5
「本当に私でいいの？」

6
相手のＳＮＳを異常にチェック

7
デートプランを考えない（楽しんでもらえる自信がない）

8
相手に尽くしすぎる

9
つねにイエスマン

10
相手の顔色をうかがいすぎる

人って、自分のことを好きな人に対してめちゃくちゃ残酷になれる生き物

都合のいい女は「尽くしすぎる」。バランスが難しいけど、尽くしすぎると相手の立場が上に行くからナメられるじゃん？　そしたら、雑な扱いを受けるじゃん？　で、都合のいい女にされて、わかってるけど離れられない。みたいになる。

「私がこんなに尽くした」＝「こんなにいい人」＝「好き！　離れられない」って方程式になっちゃうけど、これが罠《わな》。「私がこんなに

辛い思いして尽くしたから、この人は絶対にいい人」みたいな思考は危険なのでポイッとしちゃってください。

まあ俺も、人生で本当に好きだった人には何回も浮気されたけど、好きだから許した。ケンカが多くなってきた時も、ティファニーの24金ネックレスを渡して「お前の過去も全部許すし、もう二度と責めない。だからもう一回、初心に返ってやり直そう？」って。

でも、言った翌日にホストクラブに行かれて気づいた。はっ、俺、都合のいい男だって。人は簡単に変わらないんだって。

「自分が尽くした」＝「この人は価値がある」って思いたいけど、人は自分のことを好きな人にこそ、めちゃくちゃ残酷になれるってこと。忘れるな。

「女が嫌いな女」は
びっくりするくらい

男にモテるんだよなあ。なんでだろう。

デート中に相手が異性とラインしてたら「は?」ってくらいムカつくし、電話をかけて「通話中」の文字が表示されたら「誰と電話してるんだよ!」ってなる。文字にするとほんとに小っちぇえ!ことなのに、その瞬間はびっくりするほどイライラが抑えられない。**「好き」は疲れる。**

可愛い子がSNSで「恋に悩んでます」的な自撮り付きの投稿をすると、周りの男は落ちてる100万円を見つけたように**「大丈夫!?」「俺でよければ話聞くよ」**って飛びつく。じゃあブスが「私メンヘラなの」って言ったところを想像してみてくれ(想像はしたくないけど)。**可愛い子に飛びついてた男は? あれ? 家帰った?** 周りには誰もいない。正直

「知らんがな」の一言で終わる。

ブスだけどスタイルはいいとか、性格だけは底抜けに明るいとか。何か顔以外の魅力がないと、現代社会じゃ「いいね」さえもらえない。「不平等だ！」って叫びたくなるけど、それが現実だから仕方ない。

「メンヘラだから」が通用するのは美人だけ。もう一度言う。「メンヘラだから」が通用するのは美人だけ。唱《とな》えろ。

本当に好きなら「時間なくて会えない」なんて言葉は間違っても出てこねえよ

結論から言う。「好きなら会う」以上。

好きな人とラインしてて「会いたい」って言ったら「ごめん、最近忙しい」とか「時間ない」って言われてメンタルが死んだことない？（俺はある）。**その「忙しい」が「嘘」だってわかってるから。**

「あ、自分には時間使ってくれないんだ」って絶望感に押しつぶされそうになる。だって自分だったら「忙しいから会わない」なんて好きな人には伝えないでしょ。もし言ったとしても、代わりの日を用意するし、「ｔｈｅ無理」みたいな伝え方は絶対にしない。

もちろん、本当に忙しくて会えない日だってあると思う。普段会ってくれて、大事にしてくれてる人にそう言われたんなら納得できる。でも、大事にされてる自信がない時に、いつも都合のいい時しか会ってくれない人から言われる「会えない」の絶望感は異常だ。

「会えない時間」が想いを育てる、とか言うけど、あれ、自分側だけだから。相手の想いは育ってないからね。 あ、書いてるだけでも病んできた…。ワガママは言わないから、「会いたい」って言ったらすぐに駆けつけてくれるような人と付き合いたい…。

残酷なくらいにならないと、恋愛なんてやってらんない

「別に普通じゃん」って女の子が「え…？」みたいなエグいことを裏でしていたり、すごい自信家だったヤツが急にメンヘラになったり。

恋愛で狂《くる》ったヤツの裏の顔を偶然見ちゃうと、「こいつ、やべ…」って引くと同時に、怖いもの見たさのような、ドロドロした好奇心も湧いてくる。**そして、少しだけ安心してしまう自分もいる。**

彼氏の目の前じゃ「可愛い女の子」で、裏アカでは「冷めた表情で愚痴を書

き込む」。

彼氏が今何してるのか、気がついたらSNSで追いかけてる。

元カノのアカウントをつきとめて、過去を調べる。

傍《はた》から見たらもう「やばいヤツ」よね。

でもぶっちゃけ、そのくらいじゃないと人を愛せなくない？信じすぎても痛い目にあうし、我慢しすぎてもうまくいかないし。つくづくめんどくさい恋愛を、きれいごとだけで片づけるのは難しい。

表と裏の顔があるくらいの方が女の子らしいじゃん。恋をして、しんどすぎて、苦しすぎる時には狂って当たり前だってこと。

あっ、でもその裏の顔、絶対彼氏にバレないようにね。

別れたあとで、元彼をボロクソ言うのはダサいけど美化してるヤツの方が後々苦しむ

人の「本性」って、別れたあとにこそ見える。ケンカ別れをしてボロクソに悪口を言ったり、逆に、失ってから大切さに気づいて後悔したり。

みんなはどっちのタイプ？

俺は結構、思い出がピッカピカに見えてしまう人。自分から振ったとしてもね。嫌いになれれば楽なのに、別れたあとに好きが増す、あの謎の現象に苦しむ。自分にはその人しかいないような気がするし、今後楽しい恋愛をしてる自

分が想像できなくなる。

ボロクソに言える人たちは強い。冷静にものを見てるのは、どっちかって言うとあいつら。だって、**前を向いて次に行こうとしてるから。「あの人は違ったんだ」って思えてる時点で強い。**

こっちなんて、悪口を言おうとしても、ムカついたことよりも笑顔の方が浮かんでくるし、マジで困る。ふう。

恋愛に正解はないけど、少しだけ楽になる考え方を知ってる。**「別れたその人は、次の人への案内人」**って考え方。これはほんとに気休め程度なんだけど、振られて落ち込んでる時に地元のギャルに言われた。いつもなら流してるその子の言葉で、少し胸が楽になったからここに書いておく。

一度の失恋が秒で広まるし、消えない。お前ら裏アカネットワーク怖すぎ

「彼氏と別れたらしいよ」「浮気してるらしいよ」「ヤリマンらしいよ」。噂話は悪いものほどウイルスみたいに広がる。恐ろしいのが「裏アカネットワーク」。裏アカで知った噂を、別の裏アカにつぶやいて、その連鎖で、気づいた時には校内どころか、隣の学校まで秒で広まってるんだから恐怖でしかない。

昔はさ、噂だって校内とかにとどまって、同中の友達までは広がらなかったらしいよ（知らないけど）。俺たちの時代って、大変すぎる。ツイッターだけ

ならともかく、インスタのストーリーにまで悪口を書かれる時代だからね。「周りにフラれたってバレるのが怖くて告白できません」って相談されたことがある。

いや、そんなこと言ってたら何もできなくね？って思うけど、まあ気持ちはわかる。**SNSに一度広がってしまえば、一度の失敗でもしっかり記録されて消せない世の中。人目を「気にしすぎ」ってしまうのも当然じゃない？**「人の噂も七十五日」っていうことわざとか、今の時代、全然リアリティないもん。

幸せになるには「リスク」が付きまとう。え？　無償で幸せになれないの？って聞きたくなるけど、99・9％は無理だから安心してほしい。

今年の冬は
好きな人と
イルミネーションを

見るという
ファンタジーを
叶えたい。

「信用してるよ」って思いが伝わる「束縛」をしたい

昔は「他の人と電話しないで！」「2人で出かけないで！」とか、「もうそれ保護者やん」ってくらい重めの束縛をしてた。いくら頭でわかっててもどうしてもやめられなくて、それでよくケンカになった。ダルいよね。

逆に自分も**「誰とでも遊んでいいよ」って言われると、それはそれで「ほんとに好きなの？」って不安になる。**

究極、相手が「束縛」と思わなければ、何をしても束縛じゃなかったりもするし。「束縛」という名のバランスゲームは死ぬほど難しい。

何が正解なんだろう？　とりあえず「泊まり」は絶対にダメ。これは死刑って感じでいいと思うけど。

何人にもめんどくさがられた結果、今は「最低限の連絡だけは必ずする」って形になった。誰かと出かける時には「何時に帰るのか」だけは教えてねって頼む。この方法がいいのか悪いのか知らない（ちょっと寂しい気もする）けど、ケンカはかなり減ったし、付き合った人と長く続くようになった。付き合っても「自由にできる時間」は必要なんだね。**ずっと自分を見てほしいって気持ちは抑えられないけど、**ヘタにめちゃくちゃ縛るよりも「信用してるよ」って思いが伝わるように束縛したい。

Q

なんでみんな元彼、元カノが
大好きなんですか？

思い出の方が今より光って
見えるからだと思う。

A

Q

乗り換えが早い人について

もともと、次に乗る電車を
決めてたんだろ、悲しい。

A

Q

好きな人に明日告白しようか
迷っています

敬礼!(*・ω・)ゞ

A

Q

200キロも離れた人との恋って実りますか？

距離にこだわってる時点で
無理な気がする。

A

Q

恋と愛の違い

求めると**許す**じゃね？

A

Q

好きだけど別れる選択肢は間違ってないよね？

間違ってなかったって言えるように
するのは君のこれからだと思う。

A

浮気に怒ってる間は、愛が残ってる証拠

浮気グセのある人と付き合ってた時、4回浮気された。何度も嘘をつかれて、自分のこの好きな気持ちはなんで届かないんだろうって悩んだし、怒りが抑えきれなかった。「あんなに好きだったのに」いや、「あんなに好きだったのに！！！！」くらい。

ずっと、今度こそ変わってくれるだろうという思いで許してた。でも最後は怒らなかった。**その頃にはもう愛情が尽きてたんだ。ああ、そっ**

かって。

だけど、だからこそ、自分の恋人には浮気をしないでほしい。１人の時はいくらでも遊べばいいけど、２人で生きるってことはそうじゃない。恋人がいる時くらい「寂しさ」と「性欲」に、勝ってくれよ。

もし彼氏に浮気されたら、死ぬほど怒ればいい。**怒ってる間は愛が残ってる証拠だから。だから、怒れ！　怒鳴れ！　〇せ！**

怒ったら嫌われるんじゃないか、浮気相手に彼氏を取られるんじゃないかって怖いけど、**怒れなかったら我慢するしかないのが恋。**怒れないなら、せめて伝えよう。「悲しい」って。

まあそれでも、人が変わるのはめっちゃくちゃ難しいんだけどね。無念。

好きになったら顔面偏差値はあんまり関係ない

それまで全然気にならなかった髪型とか服装とか、好きになった瞬間にすごい自分のタイプ！　に変わるから、恋って恐ろしい。

散々「恋愛で大事なのは顔」って言ってきたけど、好きになったら関係ない。良くも悪くも、好きになると全部関係なくなる。「好き」はそれぐらい強い魔法だと思う。魔法、いや、呪《のろ》いか。どっちでもいいや。

高校生の時、顔は全然タイプじゃない女の子を好きになった。顔が可愛いとかスタイルがいいとか、見た目は特別な人じゃなかったけど、誰に対しても優しい笑顔で接するその子がすごく素敵に見えた。実際、その子のことを好きな男は結構いた。

確かに顔はすごく大事だし、可愛い子がモテるけど、顔だけが武器じゃない。「結局、顔じゃん?」ってあきらめてる女の子と、ひねくれずにニコッて笑う女の子なら、後者の方がいいでしょ? 「顔だけど、顔じゃない」を成立させられるのが愛嬌《あいきょう》なんだ。まあ、ドロドロの女関係がある学校で笑顔を振りまくと「ぶりっ子」って言われたりするから、難しいのはわかるけど。

顔が可愛くて愛嬌がある女の子は最強。だけど**いつも笑ってるだけでも世界は変わる。**

「今度こそ、彼が最後」って思える運命の人、どこにいるの？

「この人が最後」って思える人と付き合いたい。結婚とか同棲とか、将来のことを考えてもネガティブにならない人と付き合いたい。絶対に浮気をしない人と付き合いたい。

理想の恋愛の話をすると、いくらでも希望が出てきてしまう。

でも、現実はそう甘くない。だって、今まで何回「この人が最後」って思える恋をしてきた？　自分は本気でも相手も本気じゃないとうまくいかないし、本気になればなるほど、傷つくのは自分だけみたいな気がするし、本当に恋愛するのが怖くなる。

俺は、**運命の人は「いる」んじゃなくて、運命の人に「する」ものだと思ってる。**多分、どこかなぁって探しても見つからないんだ。恋愛は一方通行じゃうまくいかない。どんなに完璧な人でも付き合えば問題が発生するし、そのたびに「やっぱり違った」って思うのはちょっと虚しい。

散々運命に頼って、もう運命なんかないんじゃないかなって思う気持ちも痛いほどわかる。

けど、待ってても、ジッとしてても何も変わらないって、何度も恋で経験した。自分でその人を「運命の人」にしなきゃいけない。

好きな人と綺麗な花火を見た時、
「来年も一緒に見ようね」って
言われたのが
今でも覚えてるくらいに嬉しかった。
だって、その人の来年には

当たり前に俺の存在があったから。シリーズ物の映画を観たら、次の作品が公開された時も一緒に観たい。再来年の約束、10年後の約束を、当たり前にできる人と付き合いたい。

好きな人にほめられるためだったらダルい定期テストも徹夜できる

好きな人にほめられたい。ほめてもらえるならダイエットだってやる気が起きるし、「会える」って約束してくれるなら朝5時にだって起きるし、SNSの裏アカで悪口書くのだってやめられるよね。

ヨシヨシされたいとか、そういうんじゃないんだけど（それもいいけど）。

年上とか先輩とか、「憧れ」ポジションの人って特にずるいよね。

ほめるどころか、ほんの少しの笑顔で笑いかけられるだけでも、こっちを見てくれるだけでも無限に頑張れる。もう宗教じゃん。

バイト先の年上の人を好きになった時、どうにかして「すごいね」って思ってほしかった。ダルかった定期テストも徹夜で頑張れたし、実際に学年で1位（社会のみ）を取った。奇跡でしょ。普段は80％くらいでもういいやって満足するのに、その時は120％くらい努力できた。何をしても届かない気がするその人の中で「ポジション」がほしかったんだ。

結局その先輩とは付き合うことはなかったけど、**「この人のために頑張りたい」と思わせてくれる人を好きになった時、人は成長しはじめる。**片思いって、クソ辛いし苦しいけど、「頑張れる理由」になる人を好きになった時って「楽しい」って感じの片思いなんだ。

好きな人に
「認められたい」。
その人の中で

「自分だけの居場所」がほしい。

「何もしないで終わる夏」を あと何年過ごすんだよ

平成最後の夏はあっけなく終わった。「平成最後」って響きが似合わないくらい、何も変わらなかった。めちゃくちゃ暑かったけど。

なんでみんなが、あれだけ「平成最後の夏」って何度も言ったのか？

多分、何かを変えたかったから。俺だって本当は好きな人と海に行きたかったし、ドライブに行きたかったし、お祭りデートしたかったし、ワガママ言っていいなら花火大会に行きたかった。いや、誘いたかった。

毎年誘う勇気も出ないで終わってたから、何かを変えたかった。あと、なんか期待してたのかもしれない。最後だから。

でも待てよ、平成は今年の4月30日まである。この本が出てる頃にはもう、クリスマスとかお正月とか終わっちゃってるけど、まだ「春」があるじゃん。お花見デートとか、できるじゃん。

平成はもう少しで終わるけど、新しい元号になったらまた期待しちゃう。

今度は自分から動いてみようぜ。「○○最初の季節」に、期待だけして終わるなんてやめよう。

もうすぐ冬が終わる。これを読んでくれてるみんなが素敵な春を、いつもとは違う景色を見られる春になることを祈ってる。

「今」が苦しくてもがいてる君に伝えたいこと

もし好きな人がいて、その気持ちを伝えようか迷ってるんだったら、絶対に伝えた方がいい。だけど、「ああ私、伝えられなかったなー」って後悔した人も、伝えられなかった恋を無駄な経験だとは思わないで。

こんなこと言いたくないけど、大人になると純粋な恋愛ってできなくなるんだ。お金とか立場とか地位とか、見えなくていいものが見えてきて、どうしても汚い物差しで人を測ってしまう。

だから、今好きな人がいる人、彼氏がいる人は、相手の人をまっすぐに全力で愛してあげてほしい。今しかできない恋に、全力で向かってあげてください。

友達とうまくいかないとか、人間関係で悩んでる人も多いと思うけど、それも無駄にはならない。**今は苦しくてもがくことしかできないけど、きっとその「もがいた経験」は将来、自分の糧《かて》になる。**

俺も誰かを傷つけたり、傷つけられたり、今だってそんなことを繰り返してるけど、人間関係に悩むと、人の痛みとか、こんなことで傷つくんだとか、すごくわかるようになるんだ。その痛みがわかる人は、きっと周りの人より優しくなれる。

いじめられたり、嫌われてるかもって悩んでる人も安心してほしい。学生ってのは、良くも悪くも視野が狭い。俺も中学生の時は、周りの人間が全員自分のことを嫌ってるように感じてた（実際に嫌ってる人もいたけど笑）。

でも大丈夫、君の居場所は「学校」っていう狭い世界だけじゃないから。


学生時代は、今自分が何をすればいいのかわからないのに「何かをしないといけない」気分で焦ってしまう。俺も「将来どうしようかなー」「このままどうなるのかなー」って漠然とした不安を抱えてた。

でも、死ぬほど悩めば答えは出るから、焦らなくていい。むしろ焦っちゃいけない。**自分の人生は、自分の進む方向は、自分がゆっくり歩きながら決めればいいと思う。**

って感じで2冊目もじきに終わりますが、今「自信が持てない若者」がすごく増えてると思います。自信はすぐには持てないし、無理して持たなくていいけど、「自分には価値がない」とは思いたくない。
「自分の価値」は、これからの自分が「自由に作っていくもの」だと思っています。お互い頑張ろうぜ。健闘を祈る。

おわりに

時計の針はちょうど午前0：00。日付が変わった。今日は11月15日の木曜日。今、大阪の実家にいる。え？　ニャンって上京して東京にいるんじゃないの？って思うじゃん。俺も東京にいたかった。めったに大阪に帰ろうなんて思わないし、親と友達に甘えたいから、なんてそんなことじゃ動かない。実は、知り合いのおじさんが亡くなったんだ。

おじさんとは俺が3歳くらいの頃からよく遊んでた。いつも「ヒメちゃん」っていうおじさんの柴犬も一緒に。小さい頃はあれだけ「おじさん！　ヒメちゃん！」ってなついてた俺だけど、中学に上がるとだんだん距離を取るようになった。ダサいと思ってたから。イキってないと見下される中学校にいたから、少し悪い友達と関わるようになった。

中3の時、進路のことで親と揉《も》めて家出したことがあった。中学生の家出なんか行くとこもお金もないから、結局、地元の公園のジャングルジムに座ってた。俺を探し当ててくれたのは、親でもなく友達でもなく、おじさんとヒメちゃん。怒られるって身構えたけど、おじさんは「久しぶり」って笑った。「うち来ればよかったじゃん。何時間かはかくまってやるよ、それが男の約束だろ?」って言ってくれた。

高校生になっても、おじさんと遊ぶ毎日は戻ってこなかったけど、1つだけ変化があった。ヒメちゃんが亡くなったんだ。それからおじさんは頻繁《ひんぱん》に家に来るようになった。強がる人だったけど多分、話し相手がほしかったんだと思う。でも、大人とも地元の友達ともうまくいってなかった俺は「ごめん、忙しいから」ってあしらってた。

そんなのが数年間続いてた。少しだけ大人になって上京を決めた時、ふと顔が浮かんだ。お世話になったおじさんにちゃんと挨拶《あいさつ》に行かないとって。

家を訪ねると、おじさんはいなくて、胃癌《いがん》になって近くの病院に入院してた。体格がよくて、腕相撲でも勝ったことがなかったおじさんの体はすごく、それはすごく細くなっていた。

俺に気づくと、家出した時と同じように「久しぶり」って笑った。

酸素マスク越しに聞こえる小さい声に、少し安心した。

「おじさん、俺、東京行くよ」

「そっか、お前は東京行くと思ってたよ。頑張ってこいよ」

おじさんは笑いながら、動かしにくそうな腕で握手してくれた。

そして今、線香をあげて2日たってこの原稿を書いてる。

おじさんは、亡くなる1日前に「また（俺と）遊んでた日に戻れたらなあ」って言ってたらしい。おじさんの奥さんに聞いた時、涙が止まらなくて何度も心の中で謝った。

自分だけ応援してもらって、何も返せなかった。後悔がどんどん溢れてきて、止めようとしても止まらない涙が、おじさんとの思い出の数を物語ってるみたいだった。

正直、ＳＮＳで仕事をするのはすごくしんどいし、何度もやめようと思った。けど、まだやめない。天国まで俺の言葉が届くようにならないと、何も返せないから。だから俺はやめない。

みんなは今、大切な人を大切にできてる？

ニャン

写真
歩雪のわ

DTP
東京カラーフォト・プロセス株式会社

校正
麦秋アートセンター

編集協力
渡辺絵里奈

編集
間有希

ニャン

東京生まれ、大阪育ち。

切ない片思いツイートが女性の共感を呼んで

瞬く間に人気に。著書に、恋愛エッセイ

『好きな人を忘れる方法があるなら教えてくれよ』(KADOKAWA)。

YouTube「ニャンちゃん相談室」も主宰。

Twitter —————— @radran10

Instagram —————— @20.rand

嫌《きら》いになれるまで好《す》きでいたいし、自分《じぶん》のことも好《す》きになりたい

2019年1月31日　初版発行

著　者　ニャン

発行者　川金 正法
発　行　株式会社KADOKAWA
〒102-8177　東京都千代田区富士見2-13-3
【電話】0570-002-301（ナビダイヤル）

印刷所　図書印刷株式会社

KADOKAWA カスタマーサポート
【電話】0570-002-301（土日祝日を除く11時～13時、14時～17時）
【WEB】https://www.kadokawa.co.jp/（「お問い合わせ」へお進みください）
※製造不良品につきましては上記窓口にて承ります。
※記述・収録内容を超えるご質問にはお答えできない場合があります。
※サポートは日本国内に限らせていただきます。

定価はカバーに表示してあります。
　ISBN978-4-04-896449-4 C0076